AF224461

GUERRE A OUTRANCE!

DISCOURS

PRONONCÉ PAR LE CITOYEN

C.-E. LABORDE

AU

CLUB DES FOLIES-BERGÈRE

Séance du 22 Novembre 1870

(IMPRESSION VOTÉE PAR L'ASSEMBLÉE)

Prix : 15 centimes

PARIS

IMPRIMERIE CENTRALE DES CHEMINS DE FER

A. CHAIX ET Cie

RUE BERGÈRE, 20, PRÈS DU BOULEVARD MONTMARTRE

1870

Des bruits de négociations tendant à la paix ou à l'armistice qui conduit à la paix ont de nouveau circulé dans l'opinion.

Il faut décidément en finir.

Je persiste à penser qu'ils sont une manœuvre de Bismark ayant pour but, en nous leurrant d'un vain espoir, de détendre le ressort de notre activité, d'amollir le courage de notre résistance, et ce fait qu'ils émanent de l'Angleterre, à l'en croire désireuse de renouer pour nous le fil des négociations rompues, me confirme plus que jamais dans mon jugement.

L'Angleterre, m'est profondément suspecte.

Elle n'a pas encore officiellement reconnu la république française, et l'on assure qu'elle a reçu dernièrement à Windsor le prince impérial avec les honneurs dus à un roi régnant.

... Arrière, entremetteuse, complice des tricheries de Bismark; nous ne voulons pas de tes bons offices, nous n'avons aucune confiance en ta loyauté!...

Mais laissons-la, nous la reprendrons tout à l'heure, et elle ne perdra rien pour attendre.

Citoyens,

Je viens rechercher devant vous, si vous me le permettez, quelles sont les dispositions des grandes puissances envers la France, et vous montrer que c'est folie de compter sur leur intervention.

Au lendemain du 4 septembre, aussitôt après la proclamation de la république, nous avons instinctivement tourné nos regards vers les Etats-Unis. Une dépêche transmise sans retard à leur ambassadeur, avec ordre de reconnaître le nouveau gouvernement de la France, excita notre enthousiasme.

On accourut à l'hôtel de l'ambassade, on acclama le ministre M. Washburn, et celui-ci, répondant aux acclamations du peuple, réunit dans ses mains en les agitant les drapeaux fraternels des deux nations. On ne parlait plus que de la guerre de l'Indépendance; de Rochambeau, de Lafayette, de Franklin et de Washington... On se disait : Les Etats-Unis vont venir à notre aide... ils sont bien loin, sans doute, mais ils ont de nombreux et rapides vaisseaux qui vont nous apporter des soldats et des armes... ils sont bien loin, mais leur cœur est avec nous et bat à côté du nôtre. N'est-ce pas juste; après tout. Ils se souviennent que nous nous sommes battus pour eux, le moment est venu, ils vont s'acquitter envers nous de leur dette de reconnaissance, l'honneur leur en fait un devoir !..

Pauvre France, seras-tu donc éternellement jeune; croiras-tu donc toujours, dans ta politique extérieure, à ces grands mots et à ces grandes choses, la reconnaissance et l'honneur des nations; en feras-tu la règle persévérante de tes déterminations, malgré les déceptions dont tu es abreuvée?

Comme nous étions dans ces dispositions d'esprit, est arrivé le message du président des Etats-Unis, le général Grant, qui a jeté tout à coup sur nos ardeurs et nos illusions la froideur du langage diplomatique.

Le président des Etats-Unis, modérant le lyrisme sentimental de son ministre qui est rentré depuis dans un profond silence, nous a officiellement avertis que son gouvernement entendait garder entre la France et la Prusse la neutralité la plus absolue.

Ce sont, dit-il, deux nations également chères à la république américaine, et qui lui ont donné de tout temps les témoignages d'une égale amitié. Il ne peut que déplorer cette malheureuse guerre sans pouvoir faire d'autre vœu que celui de sa fin prochaine et sans pouvoir prendre parti pour l'une ou pour l'autre des deux puissances belligérantes.

Comment; la Prusse est votre amie, dites-vous, à l'égal de la France, elle occupe la même place dans votre cœur. Ah! général, cessez de tenir un pareil langage. Vous oubliez volontairement l'histoire en outrageant les sentiments les plus respectables de la nature. Reportez vos souvenirs à cette époque où vous avez vaincu avec notre alliance, lors de la fondation de votre république. Nous étions à côté de Washington, et nous avions en face de nous, dans les rangs de l'armée anglaise, des troupes allemandes stipendiées par le ministre qui présidait alors à la politique de l'Angleterre.

Je me souviens, moi, d'une parole de Lord Chattam qui trouve aujourd'hui sa littérale application.

Le ministre hésitait à prendre ces troupes au service de la mère patrie luttant contre les colonies révoltées. « Ces **Allemands** ne sont pas des soldats, disait-il, ce sont des brigands ; ils ne sont bons qu'à ravager, ils ne savent pas conquérir ! »

Nos ennemis se sont chargés de justifier la première partie de ce jugement, à nous, citoyens, de justifier la seconde.

Mais le président des États-Unis ne pouvait pas nous dire la raison déterminante de la froide attitude de son gouvernement, et je vous demande la permission de la dégager.

Vous savez que l'Amérique est, par excellence, la terre de l'immigration, et l'Allemagne celle des émigrants.

Chaque année, en moyenne, deux cent mille âmes de notre vieille Europe descendent sur les plages hospitalières du nouveau monde et se dispersent dans l'intérieur de son territoire. La moitié des effluves de notre continent vient de la nation qui nous fait aujourd'hui la guerre. Voyez ce que cela doit faire depuis plus d'un demi-siècle. Or, ces émigrés qui, vous en avez la preuve chez nous, ont un talent tout particulier pour s'implanter partout, pour tout envahir, les places, les banques et les comptoirs, grâce à une lourde ténacité qui a facilement raison de la moindre obstination de leurs concurrents, ces émigrés ont acquis aux États-Unis une situation des plus importantes. De plus, en quittant le sol de leur patrie, ils ont emporté dans leur léger bagage la profonde haine de race qu'ils ont contre nous.

Eh bien, si les États-Unis étaient intervenus dans notre guerre avec la Prusse, les vaisseaux chargés d'armes et de soldats n'auraient pas quitté les ports de l'Atlantique, qu'une sédition, une véritable guerre civile aurait éclaté dans la Confédération.

Voilà ce que dit la politique et non le sentiment, voilà ce que n'a pas osé écrire le général Grant.

Ne croyez pas, d'ailleurs, que les griefs que pourraient avoir les États-Unis contre la politique impériale auraient suffi pour les jeter dans la politique de la neutralité sans la considération que je viens de vous présenter.

Ils savent très-bien que la nation française n'est pas responsable des aberrations de l'empire; ils auraient facilement passé par-dessus la reconnaissance des Etats du Sud dans la guerre de la sécession, et l'essai, du reste si malheureux, de l'implantation dans le sol démocratique de l'Amérique du nord d'une monarchie absolue et de droit divin.

Revenons à l'Europe.

Quels sont, tout d'abord, les sentiments de nos voisins d'Outre-Manche ?

Ainsi que j'ai eu déjà l'honneur de vous le faire pressentir, le gouvernement anglais nous est des plus hostiles.

La reine est d'origine allemande; elle se rattache encore à notre ennemi par les liens de son union avec le prince Albert de la maison de Cobourg, un de ces nombreux haras princiers germaniques, où les royautés de l'Europe vont si souvent chercher des étalons pour leurs princesses et leurs reines; elle est enfin devenue la belle-mère du prince héréditaire de Prusse, de leur Fritz, comme ils se plaisent à l'appeler. — Ce n'est pas tout. La reine se sent un faible pour le roi Guillaume; elle le trouve bon chrétien et bon pratiquant, si bien qu'elle n'est pas éloignée de croire que son ami exécute les ordres du ciel dans sa guerre d'extermination contre la France, et qu'elle le regarde, pour me servir d'un langage biblique qui lui plairait, comme un nouveau Saül combattant les Amalécites.... que voulez-vous : cette vieille reine embéguinée de quiétisme a un goût tout naturel pour ce vieux roi encapuchonné de cafardise !..

Son ministre Gladstone, qui paraissait avoir des qualités d'homme d'Etat quand il était dans l'opposition, n'est arrivé au pouvoir que pour montrer son insuffisance. Sous l'influence de la faveur, des égards, des bontés, et je dirais presque des caresses de sa souveraine, une si digne et si excellente femme, il a complétement oublié les intérêts de son pays. Encore un qui, à sa façon, s'est laissé prendre à la glu des rois...

Quant à l'aristocratie britannique, elle garde toujours au fond de son cœur un levain d'aigreur puisé dans l'histoire de notre longue rivalité, et elle croit entendre encore aujourd'hui les échos de la grosse voix de Burke, objurguant autrefois nos pères de la révolution dans un de ces véritables accès d'épilepsie où le jetait le nom de la France.

Mais le peuple anglais est pour nous; je me trompe : le peuple anglais n'est pour personne, il est pour lui.

Ne cherchez pas à réveiller dans son souvenir notre alliance de Crimée, ne lui rappelez pas que nous avons fait ensemble, il y a peu de temps, la veillée d'armes sur la terre glacée de Sébastopol; ne lui dites pas que vous lui avez sauvé la vie à Inkermann; ce sont là des choses de sentiment, et le sentiment n'est pas son fort.

Seulement le peuple anglais comprend que ses intérêts sont liés à ceux de la France et il a l'instinct de la politique.

Il voit à merveille que le lendemain du jour où la France aura définitivement vaincu, la Russie mettra le pied dans Constantinople, et ce résultat est à ses yeux un coup mortel à la puissance maritime de l'Angleterre.

C'est pour cela que de tous côtés, dans les villes, dans les bourgs, dans les campagnes, on n'entend que ce cri : Il nous faut un homme d'Etat! Le temps presse, le temps va passer!... C'est pour cela que tant de meetings se sont formés, où l'on a fait éclater d'énergiques protestations contre la politique ministérielle, et où se sont élevés des cris séditieux de nature à *choquer* les oreilles du Pouvoir. Vous savez lesquels... C'est pour cela qu'au sortir de ces réunions populaires se sont produits des troubles assez graves pour suggérer au Pouvoir la tentation, qui n'est pas dans ses habitudes, de les réprimer par la force.

Que le gouvernement anglais y prenne garde !

Il sort de la voie qui faisait sa force; il cesse d'être impersonnel; de national qu'il était, il devient domestique; il n'est plus qu'une coterie de famille. Un sombre nuage s'élève au-dessus de l'île, et ce nuage porte la foudre. Encore un peu de temps, et l'un de ces jours, une nouvelle passant la Manche pourrait bien annoncer au continent étonné et aux souverains saisis de terreur, que le souffle de la révolution déchaîné sur l'Angleterre y a renversé sa royauté aristocratique hier encore debout, et relevé sa vieille république couchée par terre depuis la mort de Cromwell !

Voilà pour nos voisins du Nord. Passons à nos voisins du Sud.

Il est en Europe une nation qui aurait dû accourir à nous dès le début de la guerre. Plus qu'à toute autre la reconnaissance lui en faisait un devoir. Elle n'aurait pas pu grand chose, sans doute; mais ce n'est pas à l'importançe du service que se mesure le dévouement.

Je veux parler de l'Italie.

Que n'avons-nous pas fait pour elle!

Nous avons constitué son unité. Sans notre or et sans notre sang, elle serait encore une expression géographique, comme on l'appelait, un lambeau du territoire européen tout déchiqueté par le despotisme. Solférino l'a sauvée d'un écrasement définitif. Plus tard, nous avons laissé tomber de nos mains dans les siennes le fastueux présent de la Vénétie que l'Autriche nous faisait au lendemain de son désastre de Sadowa. Aujourd'hui même, nous lui avons ouvert les portes de Rome par le rappel de nos soldats; car, très-certainement, si nous y avions laissé nos dix mille hommes, elle ne serait pas montée au Capitole, où elle s'enorgueillit d'avoir tout fait : *Italia fara da se!...*

Eh bien, après avoir été notre enfant gâté, l'Italie nous paie d'ingratitude.

Parti conservateur, Opposition, tout le monde nous est hostile dans ce pays.

Il n'y a qu'une personne qui ait eu le culte du souvenir et qui ait montré du cœur. C'est un phénomène assez étrange pour être constaté dans un assemblée populaire; cette personne est celle du roi galant-homme, Victor-Emmanuel. A la déclaration de la guerre, il a offert ses services; à la nouvelle de nos revers, il a mis le pied à l'étrier. Mais il ne pouvait pas venir seul; sa nation ne le suivait pas...

Je ne parle pas de Garibaldi, ce vieux lion populaire, dont toute république est la patrie, et qui court partout après les tyrans.

Voyons maintenant l'Autriche.

Celle-là ne demanderait pas mieux que de nous venir en aide; elle a tant de griefs à venger, elle a si grand intérêt à notre victoire.

C'est la Prusse qui a pratiqué contre elle, depuis long-temps, dans la confédération germanique, ce système de calomnie et de dénigrement qui lui a valu l'aveugle désaffection de plusieurs Etats du nord ; c'est la Prusse qui l'a chassée violemment de l'Allemagne, et c'est un Hohenzollern qui ose mettre la main sur la couronne impériale des Hapsbourg pour la poser sur sa tête roturière.

L'Autriche voit déjà cet insolent vainqueur jeter un regard d'oiseau de proie sur les sept millions d'Allemands qu'elle possède encore dans son sein tout tremblants d'être arrachés à sa paternelle puissance pour passer sous la schlague du roi-major, et elle se dit qu'aussitôt après sa victoire sous les murs de Paris il viendra bien vite ramasser ce restant de population germanique comme un butin oublié sur le champ de bataille.

Que va-t-elle devenir en effet si le sort nous est contraire ?

Elle sera écrasée, à l'ouest par la Prusse déjà si lourde ; au nord, par la Russie non moins accablante, et cela, sans pouvoir s'étendre vers l'est au détriment de la Turquie dont elle sait la place déjà retenue par le czar. Elle se sentira bientôt disloquée et ses deux royaumes de Bohême et de Hongrie se détacheront du vieux duché patrimonial d'Autriche, son premier et son dernier héritage.

Aussi l'Autriche n'hésite pas à fouler aux pieds ses préjugés d'autrefois contre le gouvernement de la république. Elle invite la Russie à surmonter comme elle des répugnances déjà vaincues d'ailleurs par cette dernière dans son alliance avec les Etats-Unis, et elle l'excite à marcher en avant au secours de la France avec la promesse de la suivre *cunctis viribus et toto regno...*

Mais la Russie ne veut pas marcher.

Qu'est-ce que la Russie d'abord ?

Ce n'est pas un peuple, une nation, c'est un homme. Aussi ne fallait-il pas attacher une grande importance à l'accueil sympathique de M. Thiers à Saint-Pétersbourg. Ces cris et ces ovations auront pu récompenser notre illustre ambassadeur des fatigues de son long voyage, mais nous ne croyons pas qu'ils aient pu lui faire illusion sur leurs conséquences. Soyez-en certains, ils n'ont pas, dans tous les cas, troublé la pensée solitaire et souveraine qui préside aux destinées de la Russie.

Vous vous rappelez, peut-être, avoir lu quelque part que le czar Alexandre avait écrit au roi Guillaume : « Je suis le seul homme dans mon empire qui hésite à vous faire la guerre. » Pour être plus précis le czar aurait dû dire : qui ne veut pas vous la faire. Or, cette parole est vraie, et si elle ne l'est pas, celui qui l'a trouvée connaît à merveille le secret de la politique russe.

Quel intérêt aurait la Russie à intervenir?

Un jour, le czar Pierre, dans l'expansion de ses confidences de conquérant, disait à son ministre : « Kantemir, j'ai trop de terre, il me faut la mer ! » Et d'un premier coup de son épée à double tranchant, le czar s'ouvrit un chemin vers la Baltique. L'épée de Pierre est aujourd'hui dans les mains d'Alexandre, et d'un second coup l'empereur va s'ouvrir le chemin de la Méditerranée...

Voilà ce que poursuit la Russie.

Or, ce n'est pas la Prusse qui l'entravera dans son but. Victorieuse, elle ira vers l'Occident, cherchant à son tour la mer dont elle a besoin, et convoitant les rivages de la Hollande et de la Belgique. L'obstacle ne pourrait venir que de l'alliance de la France et de l'Angleterre, faisant ensemble une nouvelle expédition de Crimée, et le czar fixant ses yeux sur les deux nations, se réjouit de les voir séparées.

Pourvu que l'Angleterre ne bouge pas, tout est pour le mieux.

Aussi, soyez-en sûrs, ce n'est pas pour se diriger vers l'Ouest que se lèvent les armées russes. Demandez à la

Turquie, qui les entend venir avec effroi, quelle est leur destination!...

Citoyens,

Telles sont, à notre égard, les dispositions des puissances. Qu'on ne nous parle donc plus de leur intervention. Qu'elles nous laissent tranquilles. C'est toute la paix que nous leur demandons...

Face à l'ennemi !

Nous avons affaire à une nation implacable, qui nous fait une guerre de haine.

Les Allemands nous haïssent.

Pourquoi?.. Vous le savez, et je ne veux vous en dire qu'une raison.

Elle tient à la différence de nos mœurs.

Nous avons les qualités de leurs défauts et les défauts de leurs qualités. Leur caractère est l'opposite du caractère français. Nous sommes brillants, ils sont ternes; ils sont prudents, nous sommes légers; nous sommes enthousiastes, ils sont froids; nous sommes prodigues, ils sont calculateurs; on dit que nous sommes spirituels, et... ils ne le sont pas.

En voilà bien assez pour être détestés.

Nous les avons aussi trop raillés, et ils ne nous pardonnent pas nos plaisanteries; ils veulent s'en venger dans le sang.

Ils ont à leur tête un homme qui les sert merveilleusement.

C'est un vieux roi, c'est-à-dire un roi cruel. On ne passe pas de longues années sur un trône, sans perdre peu à peu tout sentiment humain. La royauté est une condition contre nature...

C'est un roi fanatique ; il croit, encore plus que la reine d'Angleterre, qu'il est chargé par la Providence de châtier une nation corrompue ; encore un homme providentiel ! et il nous fait, sans scrupule, une guerre d'extermination. D'ailleurs, un ingénieux procédé le met à son aise : Guillaume laisse à Bismark la responsabilité des conseils qu'il en reçoit, et Bismark laisse à Guillaume la responsabilité des actes que ce dernier exécute.

Enfin, c'est un roi qui a certaines habitudes qui le mettent à l'abri du remords, s'il pouvait en être atteint. Vous me comprenez. Chaque soir, et souvent même dans le jour, après ses repas, quand le sang a coulé dans l'une et l'autre armée, le vieux roi pose lourdement sur son oreiller sa tête chargée d'ivresse et s'endort d'un profond sommeil !..

Que veulent-ils donc ?

De l'argent ?.. Non...

On avait pensé, tout d'abord, qu'ils n'y étaient pas insensibles, et, sans consulter suffisamment la nation, notre Gouvernement avait fait luire à leurs yeux des masses d'or ; mais le chancelier a répondu qu'on n'y tenait pas ; seulement, avant l'expression de nos remerciements, il a ajouté qu'il savait où étaient nos trésors, et qu'il irait les prendre !...

Avis aux surveillants de nos caisses publiques.

Ils veulent l'Alsace et la Lorraine.

Ils sont vraiment étranges, ces rois ! ils se figurent que les peuples sont une marchandise dont il est permis de trafiquer ; ils les considèrent comme l'accessoire du sol, comme des meubles devenus immeubles par destination ; ils les regardent comme un bétail de grange; comme un cheptel de métairie.

Quelle impiété !..

Mais ces peuples ont une âme, et cette âme est plus noble, plus grande que celle des tyrans.

Les peuples ne se vendent pas, et quel que soit l'étonne-
ment des rois bottés et éperonnés pour la conquête, les
peuples ne se conquièrent pas; les peuples se donnent, et le
suffrage est le seul moyen légitime de disposer de leurs destinées.

L'Alsace et la Lorraine?.. Ils ne l'auront jamais!..

Non; ils ne pourront jamais déchirer cette partie de notre
manteau national; tout le reste suivrait plutôt, et, quels que
soient les succès de Guillaume, il ne sera pas assez fort pour
attirer à lui toute la France!..

Ils le savent bien, aussi ont-ils pris une voie détournée.

Ils ont fait circuler dans l'opinion, et une certaine presse
a été dupe de leur manœuvre, une combinaison plus ou moins
ingénieuse qui les ferait arriver à leurs fins.

Permettez-moi de vous la dévoiler.

Ils ont parlé de neutraliser nos deux provinces pendant
une dizaine d'années et de leur remettre au bout de ce temps
le droit de s'annexer à qui elles voudraient, de la France ou
de la Prusse.

La neutralisation de l'Alsace et de la Lorraine, citoyens,
ce serait leur aliénation progressive et à échéance fixe au
profit de nos ennemis substituée à leur aliénation immédiate
et définitive.

Au bout de ces dix ans, quand la Prusse aurait usé de
tous les moyens pour exciter le ressentiment légitime de nos
frères abandonnés, et pour se concilier leur aveugle préfé-
rence, au lieu du vote d'amour que nous aurions aujourd'hui
pour nous, si on les consultait, se produirait un vote de ran-
cune et de captation qui nous les ravirait à jamais.

Par la combinaison dont je parle, Bismark agit avec nous
comme *certains* médecins agissent avec leurs malades pour
les décider à une opération douloureuse; il veut nous chloro-
former!

Allons, citoyens, plus d'espérance de médiation; point d'illusions sur le but de l'ennemi; pas de transaction dangereuse.

Guerre à outrance!

La paix, nous ne pouvons la demander qu'à la victoire.

Courage! le temps combat pour nous.

La France se remet de ses surprises, elle s'organise, elle marche à notre secours. Nous avons enfin des nouvelles de la province. Le bruit de ses premiers succès est arrivé jusqu'à nous, et il y a dans l'air comme un souffle favorable qui nous annonce le retour de la fortune. Cependant l'ennemi se déconcerte, il se plaint des lenteurs de la guerre, il s'ennuie au milieu de ses retranchements, il entend, non sans effroi, la rumeur de la province qui monte comme la voix de la mer, et il jette avec inquiétude un long regard vers les frontières de la patrie qui sont bien loin.

Que Paris tienne bon!...

Je vous l'ai dit, il n'a pas d'assaut à redouter, les ennemis n'oseraient affronter nos remparts et nos baïonnettes; il n'aura pas de bombardement à subir, le bombardement est une chimère pour une ville d'une aussi grande étendue, car il faudrait pour cela plus de munitions qu'il n'y en a dans le monde, plus de bombes, d'obus et de boulets que nous n'avons de pavés.

Que Paris tienne bon!...

Il a devant lui assez de vivres pour attendre le moment de frapper un grand coup, de concert avec la province.

Paris n'a pas encore souffert.

Ce n'est pas pour se rendre sans coup férir qu'il a dévasté ou laissé dévaster cette belle campagne qui l'environne et qui était sa parure; ce n'est pas pour se rendre sans coup férir qu'il a brûlé ou laissé brûler ses villages et ses châteaux qu'il aimait tant. Il n'aura pas exécuté de formidables travaux de défense pour donner une sorte de répétition générale à grand orchestre d'une pièce qu'il n'a pas l'intention de jouer.

S'il faisait cela, il se couvrirait de honte.

On dirait de lui qu'il a été peut-être l'intelligence du monde, mais qu'il n'en a jamais été le cœur; qu'il a été un foyer de lumière, mais un foyer sans chaleur; qu'il a eu l'éclat stérile du diamant, mais non l'éclair vengeur du glaive.

Non; Paris sera à la hauteur de la mission que les événements lui ont départie; il se montrera digne de l'opinion que le monde a depuis si longtemps conçue de lui.

Un dernier mot, citoyens.

On dit que dans le système planétaire une petite étoile marche au devant des astres radieux et les conduit dans leur cours, Paris a sa petite étoile, c'est la ville de Châteaudun.

Vous le savez, à Châteaudun, deux mille gardes nationaux ont tué dix huit cents Prussiens sur les cinq mille qui les attaquaient.

Que Paris suive cet exemple, et faites le calcul de proportion.

Combien restera-t-il alors d'ennemis autour de nos murs?

Je vous le demande...

IMP. CENTRALE DES CHEMINS DE FER. — A. CHAIX ET Cᵒ, RUE BERGÈRE, 20, A PARIS. — 15328-9